AF233088

L27x
28431
B

VICTOR HUGO

POUR

UN SOLDAT

AU PROFIT

DES CAISSES DE SECOURS

DES ALSACIENS-LORRAINS

CINQUIÈME ÉDITION

TRENTE CENTIMES

PARIS

MICHEL LÉVY FRÈRES, ÉDITEURS

RUE AUBER, 3, PLACE DE L'OPÉRA

LIBRAIRIE NOUVELLE

BOULEVARD DES ITALIENS, 15, AU COIN DE LA RUE DE GRAMMONT.

1875

POUR UN SOLDAT

VICTOR HUGO

POUR

UN SOLDAT

3ᵉ ÉDITION.

PARIS

MICHEL LÉVY FRÈRES, ÉDITEURS

RUE AUBER, 3, PLACE DE L'OPÉRA

LIBRAIRIE NOUVELLE

BOULEVARD DES ITALIENS, 15, AU COIN DE LA RUE DE GRAMMONT.

1875

POUR

UN SOLDAT

Il est désirable que le fait qu'on va lire ne passe point inaperçu.

Un soldat, nommé Blanc, fusilier au 112ᵉ de ligne, en garnison à Aix, vient d'être condamné à mort « pour insulte grave envers son supérieur. »

On annonce la prochaine exécution de ce soldat.

Cette exécution me semble impossible.

Pourquoi? Le voici :

Le 10 décembre 1873, les chefs de l'armée, siégeant à Trianon en haute cour de justice militaire, ont fait un acte considérable.

Ils ont aboli la peine de mort dans l'armée.

Un homme était devant eux : un soldat; un soldat responsable entre tous; un maréchal de France. Ce soldat, à l'heure suprême des catastrophes, avait déserté le devoir; il avait jeté bas la France devant la Prusse; il avait passé à l'ennemi de cette façon épouvantable que, pouvant vaincre, il s'était laissé battre; il tenait une forteresse, la plus forte de l'Europe, il l'avait donnée; il avait des drapeaux, les plus fiers drapeaux de l'histoire, il les avait livrés; il commandait une armée, la dernière qui restât à l'honneur national, il l'avait garrottée et offerte aux coups de plat de sabre des Allemands; il

avait envoyé, prisonnière de guerre, aux case-
mates de Spandau et de Magdebourg, la gloire
de la France, les bras liés derrière le dos ;
pouvant sauver son pays, il l'avait perdu ; en
livrant Metz, la cité vierge, il avait livré Paris,
la ville héroïque ; cet homme avait assassiné la
patrie.

Le haut conseil de guerre a jugé qu'il
méritait la mort, et a déclaré qu'il devait
vivre.

En faisant cela, qu'a fait le conseil de
guerre ? je le répète, il a aboli dans l'armée la
peine de mort.

Il a décidé que désormais ni la trahison, ni
la désertion à l'ennemi, ni le parricide, car
tuer sa patrie, c'est tuer sa mère, ne seraient
punis de mort.

Le conseil de guerre a bien fait ; et nous le
félicitons hautement.

Certes, bien des raisons pouvaient conseiller

à ces sages et vaillants officiers le maintien de
la peine de mort militaire; il y a une guerre
dans l'avenir; pour cette guerre il faut une armée; pour l'armée il faut la discipline; la plus
haute des disciplines, c'est la loyauté; la plus
inviolable des subordinations, c'est la fidélité
au drapeau; le plus monstrueux des crimes,
c'est la félonie. Qui frappera-t-on si ce n'est
le traître? quel soldat sera puni si ce n'est le
général? qui sera foudroyé par la loi si ce
n'est le chef? Où est l'exemple s'il n'est en
haut? Ces juges se sont dit tout cela; mais ils
ont pensé, et nous les en louons, que l'exemple
pouvait se faire autrement; que le moment
était venu de remplacer dans le code de l'armée l'intimidation par un sentiment plus digne
du soldat, de relever l'idéal militaire, et de
substituer à la question de la vie la question de
l'honneur.

Profond progrès d'où sortira, pour les besoins du prochain avenir, un nouveau code militaire, plus efficace que l'ancien.

La peine morale substituée à la peine matérielle est plus terrible. Preuve : Bazaine.

Oui, la dégradation suffit. Où la honte coule, le sang versé est inutile. La punition assaisonnée de cette hautaine clémence est plus redoutable. Laissez cet homme à son abîme. C'est toujours la sombre et grande histoire de Caïn. Bazaine mis à mort laisse derrière lui une légende; Bazaine vivant traîne la nuit.

Donc le conseil de guerre a bien fait.

Qu'ajouter maintenant?

Le maréchal disparaît, voici un soldat.

Nous avons devant les yeux, non plus le haut dignitaire, non plus le grand-croix de la Légion d'honneur, non plus le sénateur de l'Empire, non plus le général d'armée; mais un paysan. Non plus le vieux chef plein d'aventures et d'années; mais un jeune homme. Non plus l'expérience, mais l'ignorance.

Ayant épargné celui-ci, allez-vous frapper celui-là?

De tels contrastes sont-ils possibles? Est-il utile de proposer à l'intelligence des hommes de telles énigmes? Ce rapprochement n'est-il pas effrayant? Est-il bon de contraindre la profonde honnêteté du peuple à des confrontations de cette nature : Avoir vendu son drapeau, avoir livré son armée, avoir trahi son pays, la vie; avoir souffleté son caporal, la mort!

La société n'est pas vide; il y a quelqu'un; il y a des ministres, il y a un gouvernement, il y a une assemblée, et, au-dessus des ministres, au-dessus du gouvernement, au-dessus de l'assemblée, au-dessus de tout, il y a la droiture publique; c'est à cela que je m'adresse.

L'impôt du sang payé à outrance, c'était la loi des régimes anciens ; ce ne peut être la loi de la civilisation nouvelle. Autrefois, la chaumière était sans défense, les larmes des mères et des fiancées ne comptaient pas, les veuves sanglotaient dans la surdité publique, l'accablement des pénalités était inexprimable ; ces mœurs ne sont plus les nôtres. Aujourd'hui, la pitié existe ; l'écrasement de ce qui est dans l'ombre répugne à une société qui ne marche plus qu'en avant ; on comprend mieux le grand devoir fraternel ; on sent le besoin, non d'extirper, mais d'éclairer. Du reste, disons-le, c'est une erreur de croire que la révolution a pour résultat l'amoindrissement de l'énergie sociale ; loin de là ; qui dit société libre dit société forte. La magistrature peut se transformer, mais pour croître en dignité et en justice ; l'armée peut se modifier, mais pour grandir en honneur. La puissance sociale est une nécessité ; l'armée et la magistrature sont une vaste protection; mais qui doit-on protéger d'abord? Ceux qui ne peuvent se protéger eux-mêmes; ceux qui sont en bas, ceux sur qui tout pèse; ceux qui ignorent, ceux qui souffrent. Oui, codes, chambres, tribunaux, cet ensemble est utile, oui, cet ensemble est bon et beau, à la condition que toute cette force ait pour loi morale un majestueux respect des faibles.

Autrefois il n'y avait que les grands, maintenant il y a les petits.

Je me résume.

On n'a pas fusillé le maréchal de France; fusillera-t-on le soldat?

Je le répète, cela est impossible.

J'eusse intercédé pour Bazaine, j'intercède pour Blanc.

J'eusse demandé la vie du misérable, je demande la vie du malheureux.

Si l'on veut savoir de quel droit j'interviens dans cette douloureuse affaire, je réponds : de l'immense droit du premier venu. Le premier venu, c'est la conscience humaine.

Paris, 26 février 1875.

IMPRIMÉ

PAR J. CLAYE

Mars 1875.

CHARLES HUGO

LES

HOMMES DE L'EXIL

PRÉCÉDÉ DE

MES FILS

PAR

VICTOR HUGO

DEUXIÈME ÉDITION

UN VOLUME IN-16

3 FR. 50

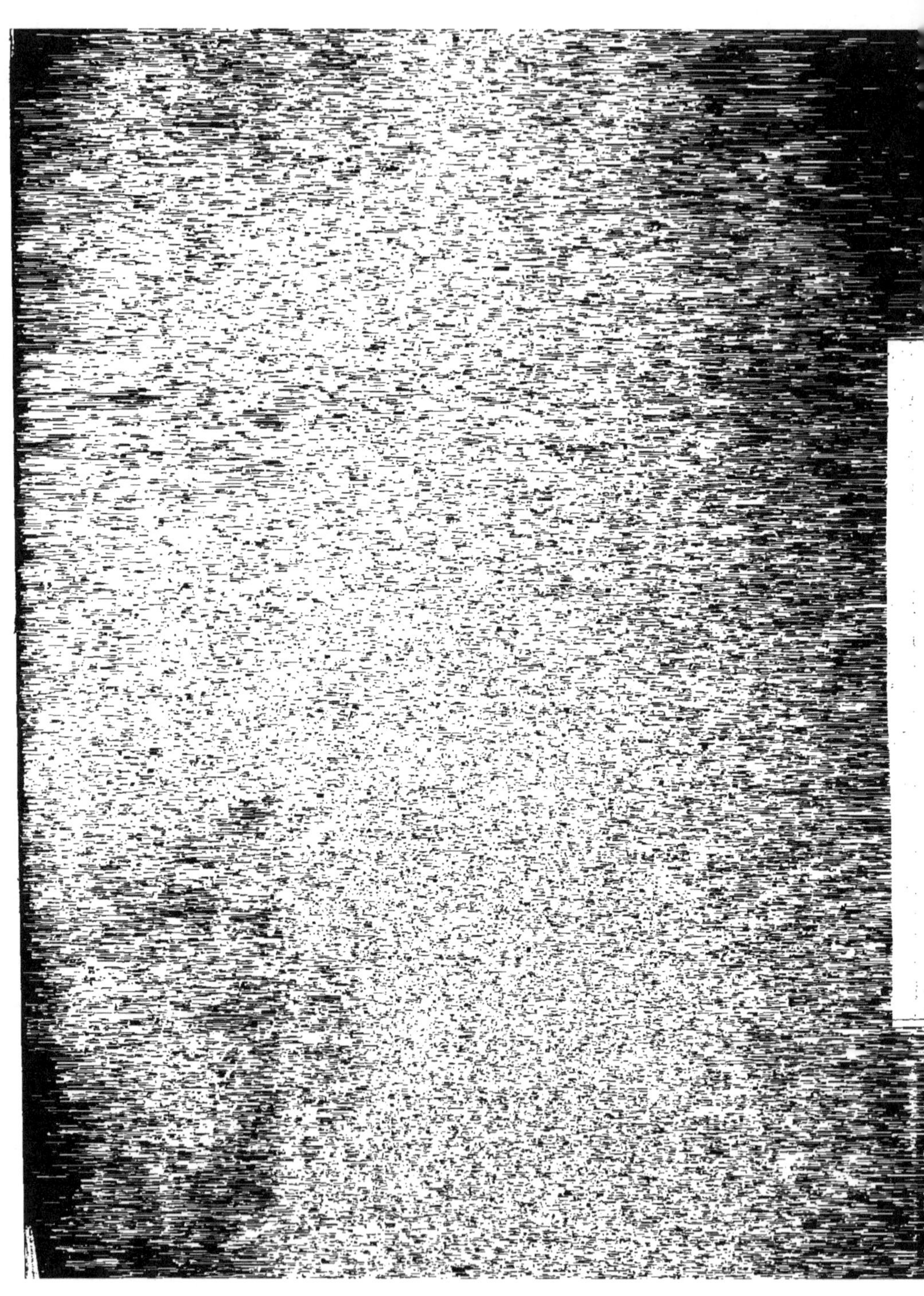